Weitere Sammelbände von Felicitas Kuhn
bei Thienemann-Esslinger:

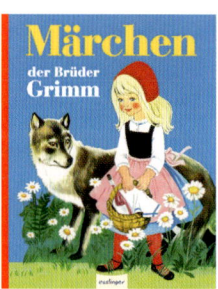

Märchen der Brüder Grimm
ISBN 978-3-480-23185-0

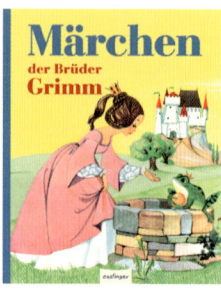

Märchen der Brüder Grimm, Band 2
ISBN 978-3-480-23248-2

Mehr über unsere Bücher, Autoren und Illustratoren unter www.esslinger-verlag.de

FSC
www.fsc.org

MIX
Papier aus verantwor-
tungsvollen Quellen
FSC® C002795

Coverillustration: Felicitas Kuhn
Einband- und Innentypografie: Christine Sassie
Reproduktion: Schwabenrepro GmbH, Stuttgart
Druck und Bindung: Livonia Print, Riga, Lettland

2. Auflage 2017

© 2017 Esslinger
in der Thienemann-Esslinger Verlag GmbH
Blumenstraße 36, 70182 Stuttgart
www.thienemann-esslinger.de
Printed in Latvia
Alle Rechte vorbehalten
ISBN 978-3-480-23342-7

# Osterhas, bring uns was!

## Oster- und Frühlingsreime

Bilder von
Felicitas Kuhn

esslinger

Has, Has, Osterhas,
wir möchten nicht mehr warten!
Der Krokus und das Tausendschön,

Vergissmeinnicht und Tulpe stehn
schon lang in unserm Garten.
Has, Has, Osterhas!

Wenn die Ostersonne lacht,
sucht nur gut in Gras und Hecken,
und ihr werdet ganz bestimmt
manches bunte Nest entdecken!

# Die fleißigen Osterhasen

Verse von
Ingrid Rudolph

Bilder von
Felicitas Kuhn

Osterhäslein hat entsetzt
im Kalender nachgesehen:
März ist's und noch nichts getan, –
lasst uns an die Arbeit gehen!

Ein paar Wochen bis zum Fest!
Osterhasen, regt die Pfötchen!
Schon beim Frühlingsputz im Haus
helfen hier die Hasenmädchen.

Butter, Zucker, Milch und Mehl, –
dann den Teig recht kräftig rühren!
Wenn der Kuchen fertig ist,
muss man ihn noch schön verzieren.

Bald ist Ostern, sagt Frau Huhn,
und ihr Küken sollt es wissen,
dass bei diesem schönen Fest
auch die Hühner helfen müssen!

Ja, nun heißt es jeden Tag
fleißig viele Eier legen,
weil sich überall im Land
schon die Osterhasen regen.

Bunte Eier wollen sie
Ostern zu den Kindern bringen.
Ach, das gibt noch viel zu tun!
Jetzt hat niemand Zeit zum Springen.

Hasenbuben, ihr sollt schnell
zu der braunen Henne laufen,
um drei große Körbe voll
frische Eier einzukaufen!

Ach, die Henne schimpft die zwei:
Ihr seid viel zu spät gekommen!
Viele Hasen haben schon
alle Eier mitgenommen!

Beinah' wär der letzte Has'
Ostern arbeitslos geblieben,
hätte nicht Frau Huhn zum Glück
doch noch Eier aufgetrieben.

Fleißig sitzt der Hasenbub
in der Werkstatt viele Stunden.
Jedes Ei wird hübsch bemalt
und mit Schleifen eingebunden.

Und das kleine Schwesterlein
darf das Hasenbaby hüten,
spielt mit ihm im Sonnenschein
auf der Wiese voller Blüten.

Hasen-Hans beeilt sich sehr,
er muss viele Eier tragen!
Hasen-Jakob holt noch mehr
mit dem kleinen Leiterwagen.

Hänschen, halt die Körbe fest,
gleich wirst du ein Ei verlieren!
Entchen schnattert aufgeregt:
Sicher wird noch was passieren!

Und nun flink die Eier her!
Häslein plagt sich viele Stunden,
denn jetzt wird die bunte Pracht
hübsch verpackt und zugebunden.

Fertig! Aus dem Hasenhaus
müssen rasch die Jungen eilen,
um die Ostereierpracht
an die Kinder zu verteilen.

Hat das Häslein was gebracht?
Oh wie schön! Versteckt im Grase
liegt ein großes, rotes Ei. –
Danke, lieber Osterhase!

# Komm, lieber Osterhase!

Verse von
Ingrid Rudolph

Bilder von
Felicitas Kuhn

Heute muss der Roller sausen, –
Ostern wird's in Hasenhausen!
Hier, in der Narzissenstraße,
wohnt Familie Osterhase.
Da wird pünktlich um halb acht
schon die Morgenpost gebracht!

Und der Oster-Briefpost-Roller
wird an jedem Morgen voller.
Viele Kinder, – bergeweise! –
schicken Briefe auf die Reise:
Ich will dies und ich will das,
Osterhase, bring uns was!

Meister Hase ringt die Hände,
nimmt die Post denn gar kein Ende?
So viel Leute schreiben Karten,
die auf Ostereier warten!
Aus der ganzen weiten Welt
werden immer mehr bestellt!

Häschen, helft die Post sortieren,
dass wir keinen Brief verlieren!
Wie viel Eier muss ich morgen
zum Bemalen noch besorgen?
Und vor allem: reicht die Zeit?
Nun ist Ostern nicht mehr weit!

Ja, nun heißt es, sich beeilen
und die Arbeit einzuteilen!
Meister Hase sieht man rennen
ganz verzweifelt zu den Hennen,
denn wo sonst bekäme er
all die Ostereier her?

Wenn die Hennen fleißig legen,
braucht er sich nicht aufzuregen!
Doch er darf ja unterdessen
auch das Malen nicht vergessen!
Meister Hase, atemlos,
rennt und seufzt: Wer hilft mir bloß?

Osterhäslein hör, wir Hennen
tun schon alles, was wir können!
Selbst die alte Gickel-Tante
und noch andere Verwandte,
alle strengen sie sich an,
wer nur Eier legen kann!

Ja, sogar die Küken prahlen!
Sieh nur, wie sie eifrig malen
und den Pinsel, wie die Alten,
fest im Schnäbelchen behalten!
Liebes Häslein, glaube mir:
Alle Hühner helfen dir!

Immer weiter auf der Straße
rennt der vielgeplagte Hase
übers Land mit Riesenschritten.
Wen soll er um Hilfe bitten?
Ach, er braucht in jedem Jahr
eine größ're Helferschar!

Ob nicht auch die kleinen Enten
bei der Arbeit helfen könnten?
Ja, die sollen es probieren,
keine Zeit ist zu verlieren, –
kommt und holt den Pinsel her!
Eiermalen ist nicht schwer!

Ganz erschöpft vom raschen Laufen
muss das Häslein erst verschnaufen.
Auch Frau Ente hört man klagen:
Sie kann kaum den Pinsel tragen,
und sie plagt sich täglich mehr,
viele Körbe sind schon leer!

Ihre Kleinen schnattern wichtig:
Ja, sie helfen auch schon tüchtig.
Trotzdem wird es nicht gelingen,
dass sie alles fertigbringen, –
bald schon, vor der dunklen Nacht,
wird mit Malen Schluss gemacht!

Finster wird's in Wald und Garten.
Ob die Kinder voll Erwarten
schon vom Osterhäslein träumen?
Da, der Mond hängt in den Bäumen!
Weil er gar so freundlich lacht,
sind die Entchen aufgewacht.

Leise schnattern sie voll Sorgen
aufgeregt bis in den Morgen:
Wird auch jeder noch beizeiten
fertig mit dem Vorbereiten?
Und der Oster-Mond hört zu,
ihn bringt nichts aus seiner Ruh.

Still im Bettchen sitzt Susanne,
hält im Arm das Püppchen Anne,
lauscht und hebt gespannt das Näschen:
Kommt vielleicht das Osterhäschen?
Eben ist sie aufgewacht,
war da ein Geräusch bei Nacht?

Hört man da nicht leise Füße
draußen auf der dunklen Wiese?
Und was klingt für ein Geschnatter
hinten aus dem Entengatter?
Irgendetwas ist geschehen,
könnte man es nur verstehen!

Alles schläft im Sternenschimmer.
Nur in ihrem Kinderzimmer
wacht Susannchen ganz alleine
neugierig im Lampenscheine.
Nein, es lässt ihr keine Ruh:
Etwas flüstert immerzu!

Dann versteht sie die Geschichten,
die die Entchen sich berichten
von des Osterhäsleins Leiden
und den nahen Osterfreuden.
Ach, sie wartet so darauf!
Plötzlich steht Susannchen auf.

Nebenan im Bubenzimmer
schläft das Brüderchen noch immer.
Hänschen ist schon sieben Jahre, –
autsch, wer zupft ihm da die Haare?
Teddy blinzelt auch erschreckt,
als Susanne beide weckt.

Hänschen streckt sich in den Kissen,
gähnt und will erst gar nichts wissen.
Schwesterchen zieht ihn am Kragen:
Du, ich muss dir etwas sagen,
was von Ostern, hör mal her!
Da schläft Hänschen auch nicht mehr.

Bald darauf sieht man die beiden
eifrig malen, nähn und schneiden.
Viele hübsche Ostersachen
können Kinder selber machen!
Drum will jeder von den zwei'n
fleißig wie das Häschen sein.

Beide basteln um die Wette.
Hänschens Hasenkinder-Kette
soll das Ostertischtuch zieren.
Aus Susannes bunten Tieren
werden Eierständerlein, –
wie wird das die Eltern freun!

Komm, wir wollen Eier färben,
hoffentlich gibt's keine Scherben!
Anders als beim Osterhasen
sind die Eier leergeblasen.
Sie zerbrechen leicht wie Glas,
trotzdem macht das Malen Spaß!

Hänschen hat in vielen Stunden
alle Muster selbst erfunden.
Schwesterchen hilft mit Entzücken,
einen Osterstrauß zu schmücken.
Lustig wie ein Märchentraum
wird der bunte Eier-Baum!

Häslein sucht in allen Ecken
schon nach passenden Verstecken;
und die Kinder suchen beide
überall nach einer Weide.
Fein, die Wiesen sind schon grün,
und die ersten Blumen blühn.

Endlich finden sie ein Plätzchen
mit den hübschen Weidenkätzchen!
Heimlich lacht der Osterhase:
Hans bricht Zweige für die Vase!
Und Susannchens Blumenstrauß
schmückt zum Osterfest das Haus.

Morgens schon in aller Frühe
geben sich die Kinder Mühe,
schnell den Ostertisch zu schmücken.
Wird die Überraschung glücken?
Liebe Eltern, kommt herein!
Ostern kann nicht schöner sein:

Ostereier, hübsch in Ständern
oder buntbemalt an Bändern, –
wenn es doch das Häslein sähe!
Ist es etwa in der Nähe?
Sicher denkt's in seinem Sinn:
Besser krieg ich's auch nicht hin!

Da! Wer sieht den Osterhasen?
Husch! Dort schleicht er auf dem Rasen!
Eben will er in den Hecken
noch den letzten Korb verstecken!
Nur das Vöglein hat's gesehn.
Nichts verraten, bitteschön!

Jetzt, am hellen Frühlingsmorgen,
sind vorbei die Ostersorgen!
Lustig wippt das Hasenschwänzchen:
Such, Susanne! Such, mein Hänschen!
Jedes Kind bekommt zum Fest
heut ein buntes Osternest.

Alle suchen voll Erwarten
überall im ganzen Garten.
Häslein, wo bist du verschwunden?
Noch hat niemand was gefunden!
Da steigt Hänschen auf den Zaun,
um dahinter nachzuschaun.

Ei, wie kann sich Hans nun freuen!
„Hierher!", schallt sein frohes Schreien.
Gleich muss auch Susannchen kommen!
Jeder hat sein Nest genommen:
Osterhäslein, – wunderbar!
Danke, bis zum nächsten Jahr!

# Das weiße Zuckerhäschen

Verse von
Suse Duken-Dingler

Bilder von
Felicitas Kuhn

Denk dir nur, in einer Stadt,
die gar viele Häuser hat,

Läden, Brunnen, enge Sträßchen,
wohnen alle Osterhäschen.

Hat der erste Star gesungen,
schleppen schon die Hasenjungen
für die Ostermalerei
alles Nötige herbei.

In der Werkstatt sitzen bald
fröhlich malend Jung und Alt.

Schnuppel nur, der arme Tropf,
stürzt mit seinem Farbentopf.

Und zwei Hasenmädchen laufen
fort, um tüchtig einzukaufen,
Zucker, Butter, Haselnuss,
Mehl und Schokoladenguss.

Die erfahr'nen Bäcker machen
feine Kuchen aus den Sachen.
Und mit rosafarb'nen Näschen
süße, weiße Zuckerhäschen.

Ei, wer hätte das gedacht:
Plötzlich um die Mitternacht
springt ein solches Häschen schnell
dort im Keller vom Gestell.

Durch die Türe schleicht es leise,
macht sich auf Entdeckungsreise.
Hoppel-hopp, beim Mondenschein,
springt es in den Wald hinein.

Huh, zwei große Eulen sitzen
dort am Baum. Die Augen blitzen,
und das Häschen voller Schreck
sucht ein sicheres Versteck.

Müde schläft es endlich ein.
Doch die kleinen Waldvöglein

flattern heimlich dicht heran,
picken Ohr und Schwänzchen an.

Ach, wie sieht das Häschen aus!
Weinend hoppelt es nach Haus,
lässt sich schnell ein Schwänzchen geben
und die armen Ohren kleben.

Was man in der Hasenstadt
für die Nestchen fertig hat,
wird gepackt und wohl verwahrt,
denn bald geht's auf große Fahrt.

Endlich, vor den Feiertagen
bringt des Hasenvaters Wagen,
vollgefüllt bis an den Rand,
seine Fracht ins Kinderland.

Eh der Tag die Kleinen weckt,
sind die Nestchen schon versteckt,
tief im Grase hier und dort.
Und die Hasen – husch – sind fort.

Anne, Peter und Katrein
finden ihre Eierlein,

mittendrin das Zuckerhäschen
mit dem rosafarb'nen Näschen.

Hei, da tanzen sie den Reigen,
während in den Blütenzweigen

Amsel, Star und Finken singen
und die Osterglocken klingen.